TRANS FO

ALL HAIL MEGATRON

01

NORMA
Editorial

HUTCH

ALL HAIL MEGATRON

GUIÓN
Shane McCarthy

DIBUJO
Guido Guidi y Casey Coller

COLOR
Josh Burcham

Agradecimientos especiales para Aaron Archer, Michael Kelly, Amie Lozanski, Val Roca, Ed Lane, Michael Provost, Erin Hillman, Samantha Lomow y Michael Verrecchia de Hasbro por su inestimable ayuda.

Este volumen incluye THE TRANSFORMERS: ALL HAIL MEGATRON nº1-6 USA.

www.NormaEditorial.com
www.NormaEditorial.com/blog

Consulta los puntos de venta de nuestras publicaciones en www.normaeditorial.com/librerias
Servicio de venta por correo: Tel. 902 120 144, correo@normaeditorial.com, www.normaeditorial.com/correo

INTRODUCCIÓN

SIEMPRE HE PREFERIDO A LOS CHICOS MALOS.
PENSADLO BIEN, ¿Y QUIÉN NO?

Existe una línea de pensamiento en el mundo que sostiene que la gente ama a los villanos más que a los héroes porque los villanos pueden hacer cosas que nosotros nunca haremos. Pero que secretamente desearíamos hacer. Parecen más atractivos, más interesantes, más libres que los héroes contra los que luchan. Saben lo que quieren y están dispuestos a hacer cualquier cosa por conseguirlo.

Personalmente, siempre he apoyado a los malos porque, sinceramente, los chicos buenos eran tan aburridos. Ganaban. Siempre. Me veo a mí mismo delante de la televisión como un niño que se iba frustrando cada vez más con las victorias constantes de aquellos tipos estirados y su irritante perro, el ratón superveloz y sus estúpidos latiguillos, y todos los demás héroes intachables e invencibles del sábado por la mañana. ¿Cuándo tendrían su oportunidad los malos?

Me pregunto en qué medida esto tuvo que ver en la concepción de " All Hail Megatron". Una historia en la que, por fin, los malos iban a ganar. Y no iba a ser una simple victoria, si no una gran victoria. Puede que tuviera mucho que ver. Puede que en gran parte se debiera a las ganas de ver como les bajaban los humos a esos aburridos héroes. Lo gracioso es que, una vez empecé a escribirla y los malos lograban su gran victoria, de repente me di cuenta de que... aquellos héroes no eran nada aburridos. ¡De repente me gustaban los buenos!

Dado que la verdadera prueba para un héroe son los obstáculos que supera para alcanzar sus objetivos, el héroe es tan bueno como su villano (o villana).

Afortunadamente, en Transformers se encuentran algunos de los mejores villanos que han existido en las páginas (o los cielos) de la cultura popular moderna. Tipos realmente malos. Así que si queríamos demostrar la heroicidad de los Autobots, bueno, primero teníamos que ver de qué eran capaces los Decepticons, ¿verdad?

Trabajar en este libro ha sido realmente fascinante, desde el increíble dibujo de Guido, hasta los maravillosos colores de Josh o las espectaculares portadas de Hutch. Le estoy increíblemente agradecido a Chris Ryall por darle la oportunidad a un guionista joven y nuevo, y a Denton Tipton por guiar al equipo a través del escarpado terreno de las publicaciones mensuales. Ha sido un viaje apasionante.

Lo que acabó saliendo de esto es algo que, espero, ahonda en las ramificaciones de las guerras (en ambos bandos) y en los peligros de sacrificar tanto por algo tan importante en apariencia. ¿Qué es lo que perdemos en la interminable lucha por conseguir lo que queremos?

Puede que encontréis todo esto aquí. O puede que no.

Solo espero que acabéis viviendo una lucha interior por ver de qué lado estáis, del de los buenos o del de los malos.

Porque yo sé, después de todo esto, que yo no puedo elegir.

Shane McCarthy

ALL HAIL MEGATRON

El mal se alzará. Las ciudades caerán. Las naciones arderán. Todo porque él lo ha decretado. Todo porque él pide... lealtad absoluta.

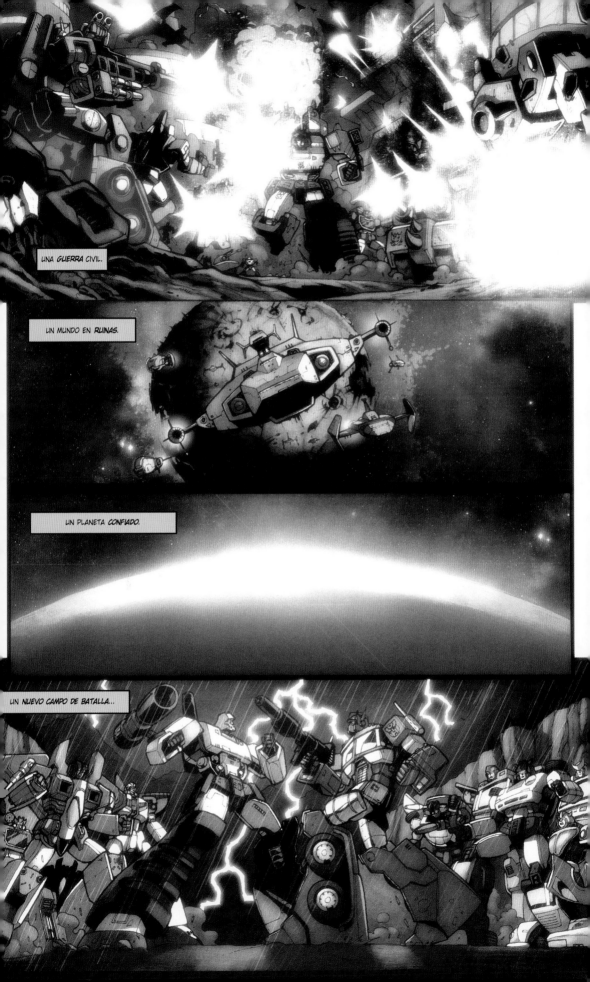

UNA *GUERRA* CIVIL.

UN MUNDO EN *RUINAS*.

UN PLANETA *CONFIADO*.

UN *NUEVO CAMPO DE BATALLA...*

UN AÑO DESPUÉS.

¡¿ESTÁN CAMINANDO?! ¡ES IMPRESIONANTE!

¿ES UNA PELÍCULA? ¿QUÉ PELÍCULA ES?

¡CIELOS...! ¡TÍO, SACA UNA FOTO! ¡SACA UNA FOTO!

TÍO, ESTO NO TIENE BUENA PINTA...

CRIATURAS HUMANAS DE LA TIERRA, VENIMOS EN SON DE **PAZ**, VENIMOS A VUESTRO ENCUENTRO PARA PREGONAR EL MENSAJE DE **UNIDAD, COOPERACIÓN** Y **BUENA VOLUNTAD** ENTRE NUESTRAS RAZAS...

...NUESTRO MENSAJE ES UN MENSAJE DE **BONDAD**.

¡JA, JA, JA, JA!

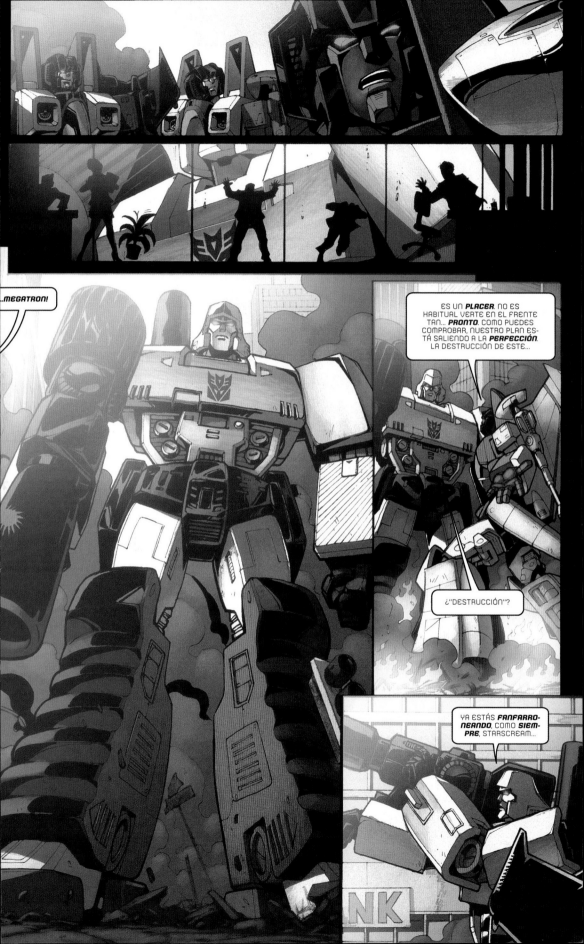

...CUANDO EN
REALIDAD ERES TAN
INSIGNIFICANTE.

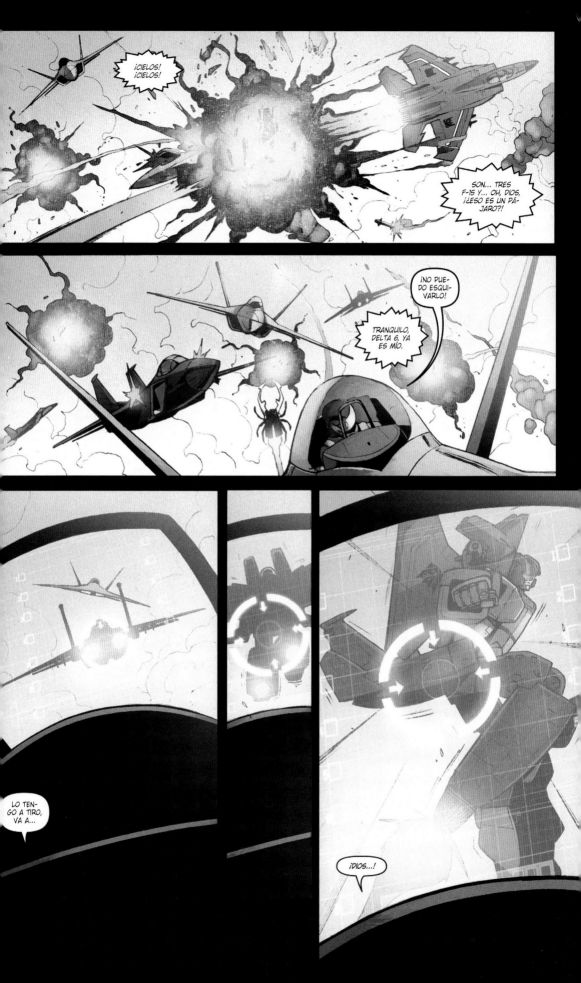

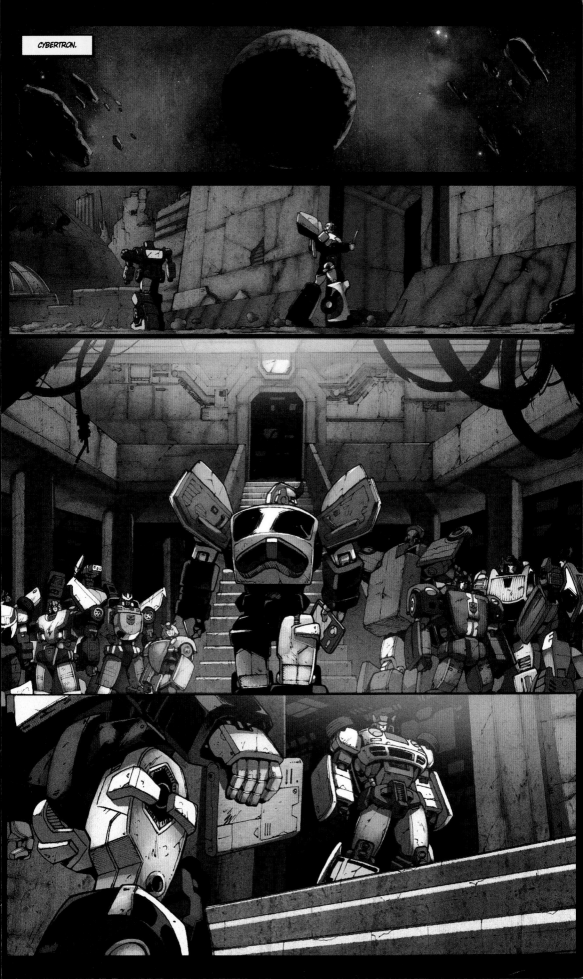

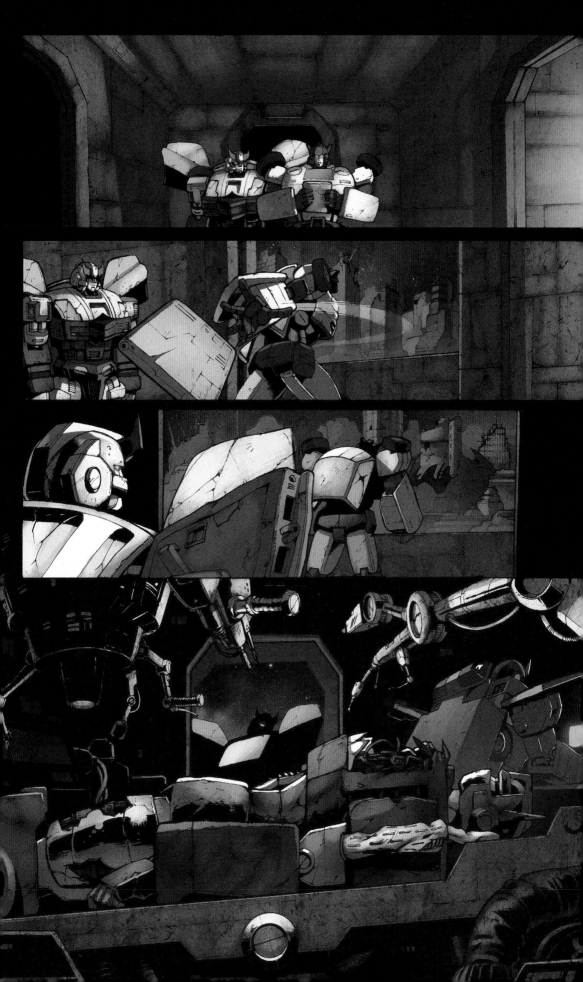

CORONEL WITWICKY.

DESCAN-SE, HIJO.

POR PETICIÓN PERSONAL DEL PRESIDENTE DE ESTADOS UNIDOS, ESTOY AQUÍ PARA ESCOLTAR-LO HASTA NUEVA YORK, SEÑOR.

TENEMOS UNA EMERGENCIA.

¿QUÉ *TIPO DE* EMERGENCIA?

¡CUIDADO!

PROVOCA QUE TODO LO QUE ESTÁ CERCA DE ÉL SUFRA VIOLENTAS PESADILLAS...

EL NÚCLEO CENTRAL DE FRENZY EMITE UNA INTENSA FRECUENCIA INFRASÓNICA CONSTANTE.

..Y ALUCINACIONES EXTRE-MADAMENTE TERRIBLES...

...INCLUSO *ÉL* MISMO.

NO HAY *NADIE* INMUNE. BUENO...

...*CASI* NADIE.

¡NO OS ALEJÉIS! CASI LO HEMOS CONSEGUIDO.

ESTO ES DE *LOCOS*...

¡¿QUÉ DEMONIOS ESTÁN *HACIENDO*?!

¡SALGAN DE AQUÍ! ¡*CORRAN*!

ES INÚTIL, BRIDGE.

LOS TELÉFONOS NO FUNCIONAN, NI LOS MÓVILES...

LOS QUE CONTROLAN A ESAS *MÁQUINAS*... PUEDE QUE ESTÉN INTERFIRIENDO DE ALGUNA MANERA.

NO, SON LAS *MÁQUINAS* LAS QUE LOS INTERFIEREN, COMO A LOS MISILES.

TE REFIERES A LA GENTE...

ME REFIERO A LAS *MÁQUINAS*.

LAS HE VISTO *HABLAR*. CON MIS PROPIOS *OJOS*.

NOS EQUIVOCÁBAMOS. ESTÁN VIVAS, Y SI NO INFORMO DE ESTO INMEDIATAMENTE, ACABAREMOS...

HOLLAND TUNNEL

MALDI-CIÓN.

¿¡ROBOTS ALIENÍGENAS?!

TOP SECRET

STEVENS, NO AGOTE MI PACIENCIA CON TONTERÍAS DEL TIPO "NO PUEDO CREERLO". SI NECESITA COMPROBAR QUE ES VERDAD, SOLO TIENE QUE SACAR LA CABEZA AHÍ FUERA.

SEÑOR, CREÍA QUE YA NOS HABÍAMOS OCUPADO DE ESTO, CON AQUELLOS TERRORIS-TAS, LA... EH...

ESO ES. TODAS AQUELLAS NOTICIAS SOBRE "ROBOTS GIGANTES" QUE ACABARON CONVIRTIÉN-DOSE EN ALMACENES REPLETOS DE PARTES DE MAQUINARIA, PERO SIN MENCIÓN ALGUNA DE "ALIENÍGENAS".

LA MAQUINACIÓN.

WITWICKY · US ARMY

HAWKE · US ARMY

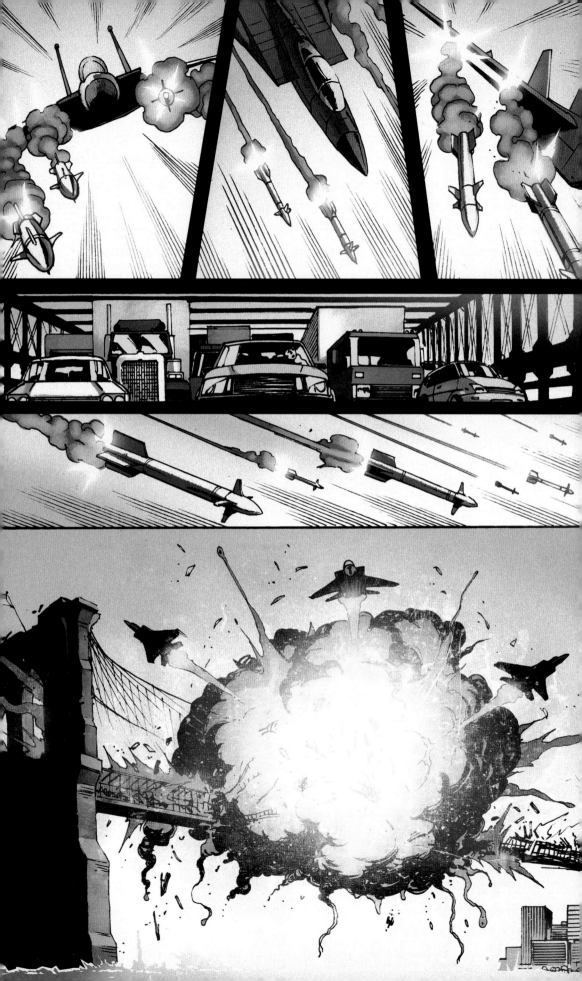

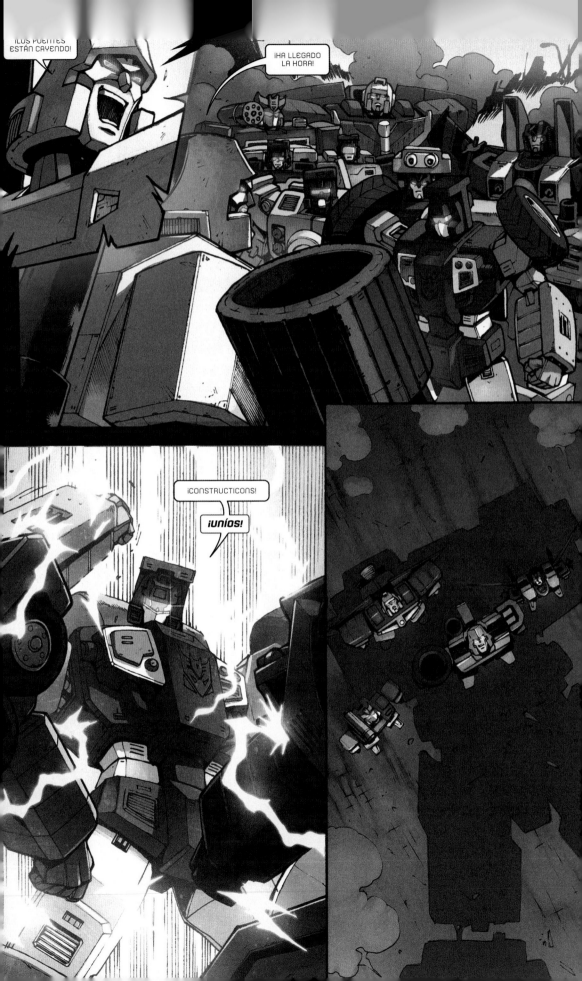

CHIK-CHIK-CHAK-CHIK

LORD
MEGATRON.

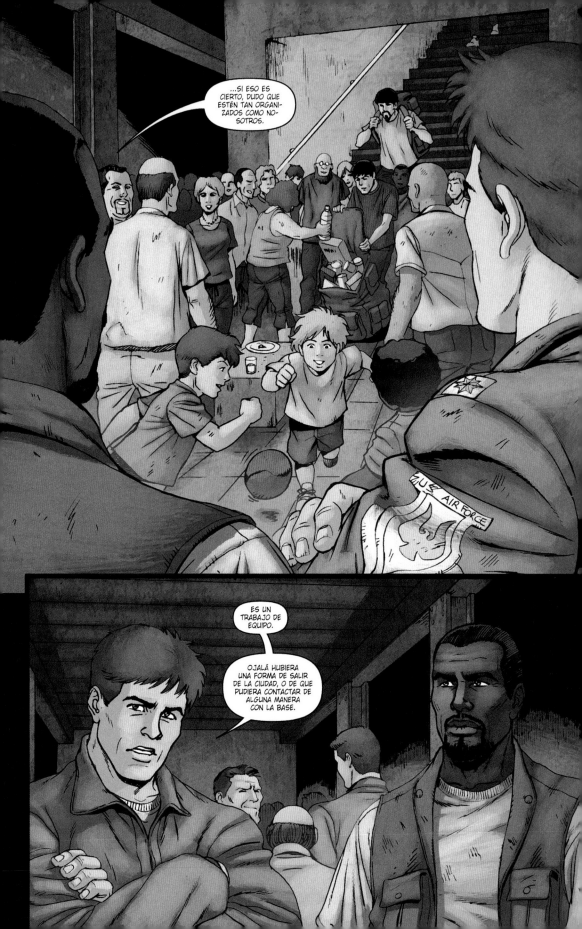

SEAN LO QUE SEAN, SON MUY PELIGROSOS. ¿HAS CONTROLADO LOS TURNOS?

COMO UN RELOJ, A LOS CHICOS LES ENCANTA.

¿SABES UNA COSA? HAS HECHO UN TRABAJO INCREÍBLE AQUÍ.

PARECE QUE TE SORPRENDA.

BUENO, NO ESPERABA GRAN COSA DE UN TIPO QUE CONFUNDIÓ A UN JAGUAR CON UN PERRO.

¿AQUELLO ERA UN JAGUAR?

¿HAS OÍDO ESO?

¿LIN TREN?

QUIZÁ...

"...HEMOS ACABADO CON LA RESISTEN-CIA AUTOBOT."

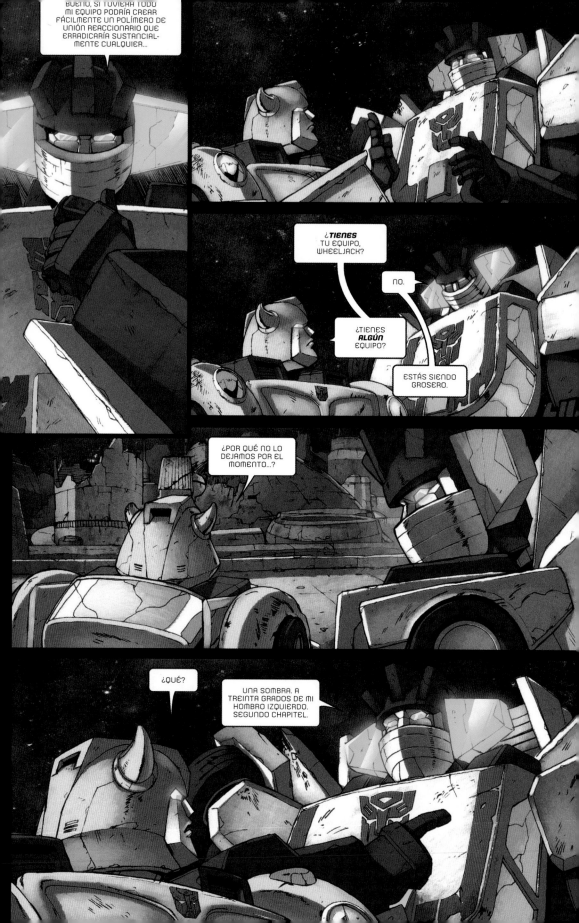

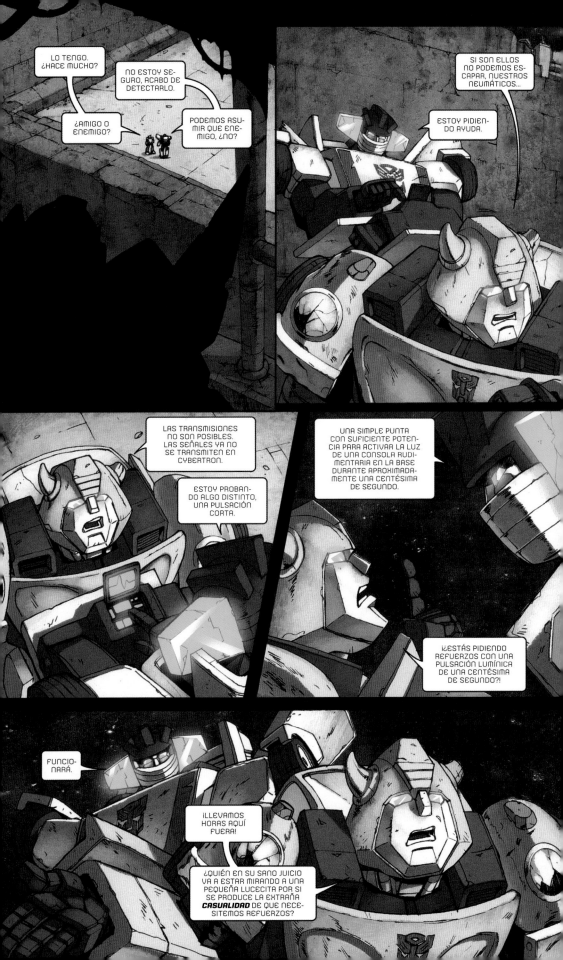

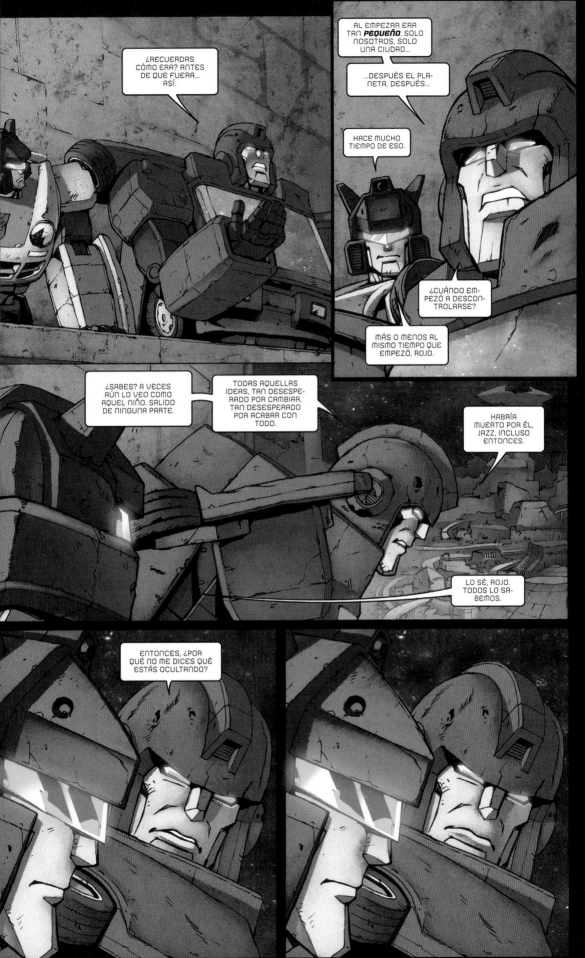

¡NOS ESTÁN MACHACAN- DO!

LOS DECEPTICONS NOS DIERON UNA PALIZA Y NOS MANDARON AQUÍ ANTES DE QUE PUDIÉRAMOS HA- CER NADA POR EVITARLO.

DEBERÍAMOS ESTAR MUERTOS, PERO ÉL LO PAGÓ POR NOSOTROS, **OTRA VEZ**.

PRIME ESTARÍA ENCANTADO DE HABER MUERTO POR CUALQUIERA DE NOSOTROS.

NO TENÍA **POR QUÉ** HACERLO. ¡NO ESTARÍAMOS AQUÍ **ATRAPADOS**! FRACA- SADOS, SIN **CONFIANZA**...

SI NO FUERA POR...

¿ESTÁS **SEGURO**? ¿ESTÁS DISPUESTO A **PERDERLO**?

OLVÍDATE DE ÉL, IRONHIDE. LO DIGO EN **SERIO**. TE ESTÁS EQUIVOCANDO.

IRONHIDE...

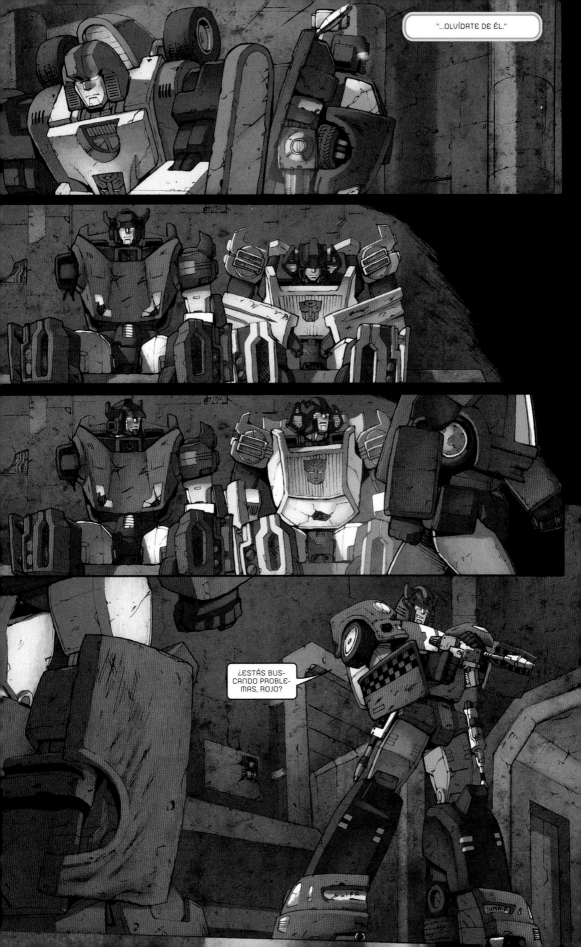

AARGH!

NO HAY SUERTE CON LOS ESCUDOS, PERO CREO QUE PUE-DO... MONTAR UNA REJILLA DEFENSIVA LOCALIZADA...

¡SÁCANOS DE AQUÍ, *AHORA* MISMO!

MI CABEZA... ESTOY CONFUNDIDO.... SON LOS CONS, ESTÁN DENTRO DE NUESTRO... SISTEMA...

LOS MOTORES FALLAN. ¡TODO ESSSSSSSSTÁ FALLANDO!

...NO PUEDO... ESTAMOS TODOS INTERCONECTADOS CON LA NAAAVE... ESTÁN DESCONECTANDO AL TRION, PERO LA RETRO-ALIMENTACIÓN...

¡BLOQUÉA-LOS!

ARGH!

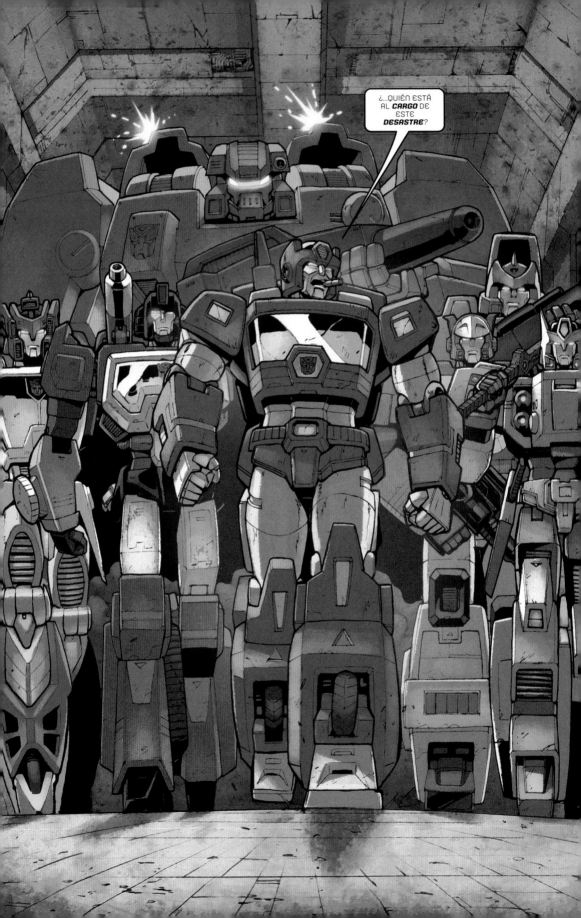

SPIKE...

ESTÁ BIEN, PAPÁ. ESTÁ BIEN.

HIJO...

...LLAMA A TU MADRE, POR FAVOR.

NO PUEDO CREER QUE SE LO ENCARGUEN A ÉL.

¿SE TE OCURRE ALGUIEN MEJOR?

CLARO QUE NO. PERO AUNQUE SALGA BIEN, ES UNA MISIÓN SUICIDA. PENSABA QUE EL CORONEL HARÍA ALGO, QUE INTENTARÍA DETENERLO.

¿DETENERLO?

SON ÓRDENES SUYAS.

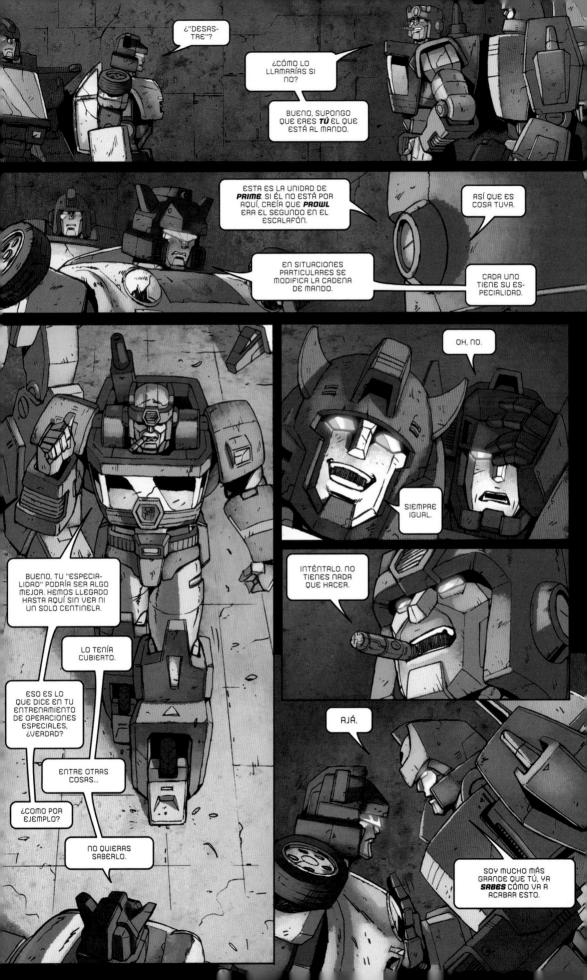

OPERA-
CIONES ES-
PECIALES.

NO ES QUE NO HUBIERA NINGÚN CENTINELA, SINO QUE TÚ NO LOS VISTE.

Y NO LOS VISTE PORQUE YO NO **QUERÍA** QUE LOS VIERAS.

¡MIRAGE!

HUM.

AHORA, SI YA HEMOS ACABADO DE PONERNOS A PRUEBA...

...HAY ALGO QUE DEBES VER.

¿QUÉ? ¿QUÉ HA PASADO?

LOS HEMOS PERDIDO. HAN DESAPARECIDO.

NI SIQUIERA HAN LLEGADO AL OTRO LADO.

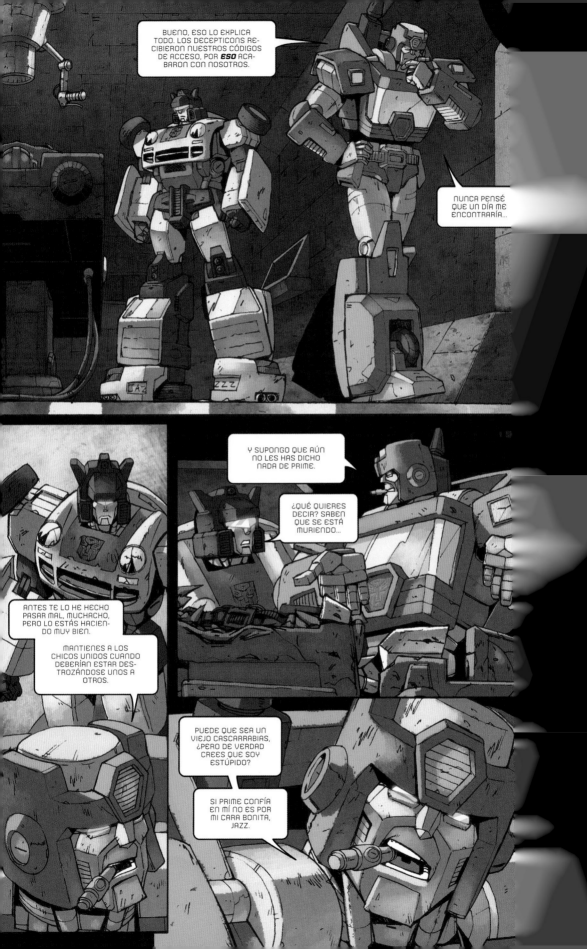

ACABO DE MATAR A MI HIJO.

APENAS PASABA DE LOS VEINTE. UN BUEN CHICO, APRECIADO. REALMENTE ENCANTADOR.

ESTAMOS EN UNA CENA, UN DOMINGO POR LA NOCHE. TODA LA FAMILIA. ESTAMOS EN LA CENA Y ALGUIEN LE OFRECE VINO...

NO, DICE ÉL.

ES UN ADOLESCENTE Y NO QUIERE BEBER. NO QUIERE NI PROBARLO.

SU MADRE LE PREGUNTA ¿POR QUÉ NO BEBES?

PORQUE PAPÁ TAMPOCO BEBE.

SE HACE MAYOR, LE ENCANTAN LOS COCHES.

PORQUE A USTED LE GUSTAN LOS COCHES.

PORQUE A MÍ ME GUSTAN LOS COCHES.

PORQUE A PAPÁ LE GUSTAN.

UN DÍA LLEGA A CASA Y DICE "ME ALISTO, VOY A ENTRAR EN EL EJÉRCITO".

¿POR QUÉ? LE PREGUNTA ELLA.

QUIERO CAMBIAR LAS COSAS, LE DICE ÉL.

PERO ELLA ME MIRA... CON AQUELLA MIRADA, Y YO SÉ LO QUE ESTÁ PENSANDO...

...IGUAL QUE PAPÁ.

LA ÚLTIMA VEZ QUE VI A MI MUJER ESTABA BROMEANDO CON ELLA, COMPORTÁNDOME COMO UN IDIOTA...

...Y AHORA TENGO QUE LLAMARLA PARA DECIRLE QUE NUESTRO HIJO NO VOLVERÁ A CASA NUNCA MÁS.

NO VOLVERÁ A CASA NUNCA, Y ES CULPA MÍA.

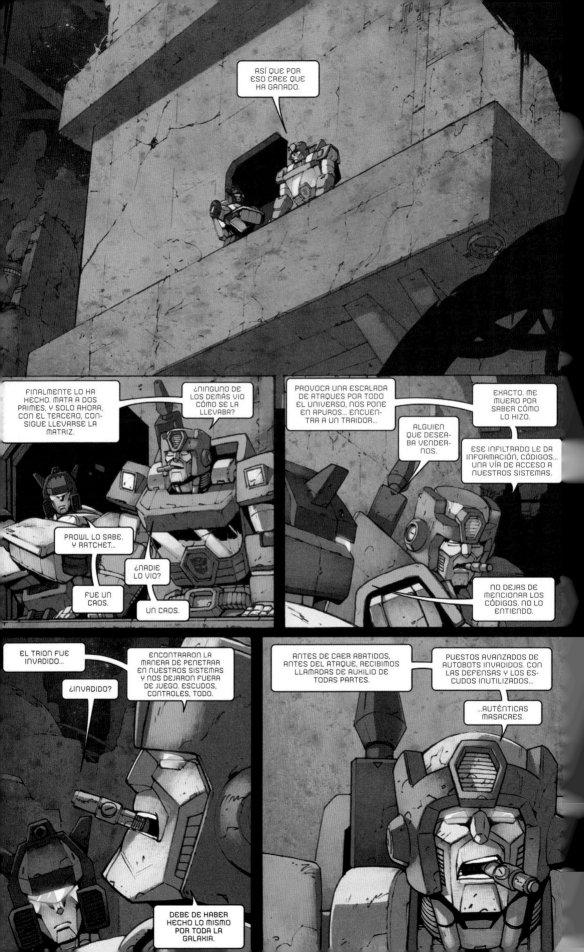

ASÍ QUE POR ESO CREE QUE HA GANADO.

FINALMENTE LO HA HECHO. MATA A DOS PRIMES, Y SOLO AHORA, CON EL TERCERO, CONSIGUE LLEVARSE LA MATRIZ.

¿NINGUNO DE LOS DEMÁS VIO CÓMO SE LA LLEVABA?

PROWL LO SABE. Y RATCHET...

¿NADIE LO VIO?

FUE UN CAOS.

UN CAOS.

PROVOCA UNA ESCALADA DE ATAQUES POR TODO EL UNIVERSO, NOS PONE EN APUROS... ENCUENTRA A UN TRAIDOR...

ALGUIEN QUE DESEABA VENDERNOS.

EXACTO. ME MUERO POR SABER CÓMO LO HIZO.

ESE INFILTRADO LE DA INFORMACIÓN, CÓDIGOS... UNA VÍA DE ACCESO A NUESTROS SISTEMAS.

NO DEJAS DE MENCIONAR LOS CÓDIGOS. NO LO ENTIENDO.

EL TRION FUE INVADIDO...

¿INVADIDO?

ENCONTRARON LA MANERA DE PENETRAR EN NUESTROS SISTEMAS Y NOS DEJARON FUERA DE JUEGO. ESCUDOS, CONTROLES, TODO.

DEBE DE HABER HECHO LO MISMO POR TODA LA GALAXIA.

ANTES DE CAER ABATIDOS, ANTES DEL ATAQUE, RECIBIMOS LLAMADAS DE AUXILIO DE TODAS PARTES.

PUESTOS AVANZADOS DE AUTOBOTS INVADIDOS. CON LAS DEFENSAS Y LOS ESCUDOS INUTILIZADOS...

...AUTÉNTICAS MASACRES.

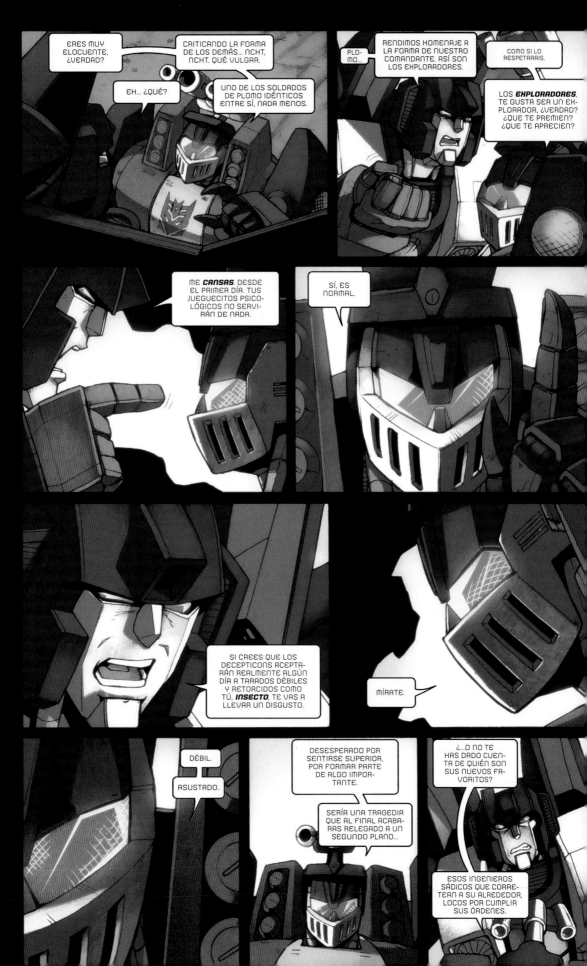

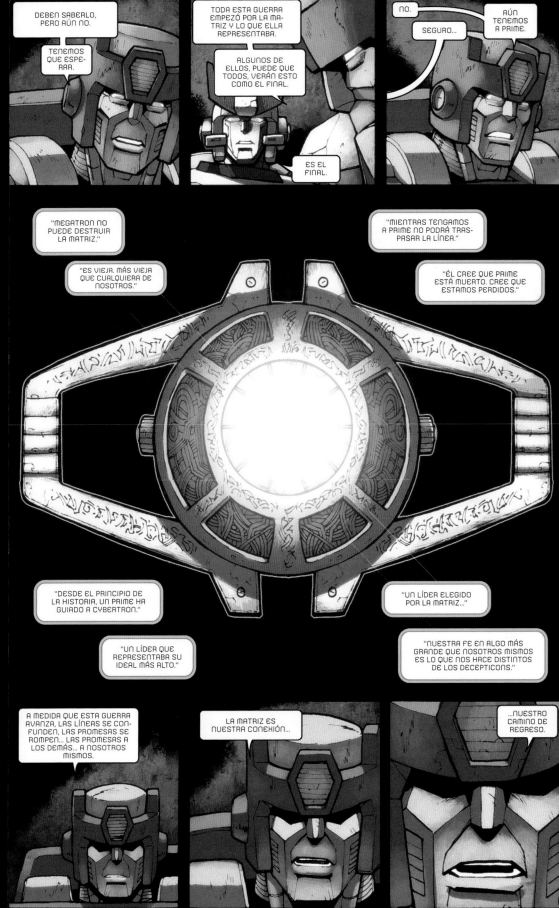

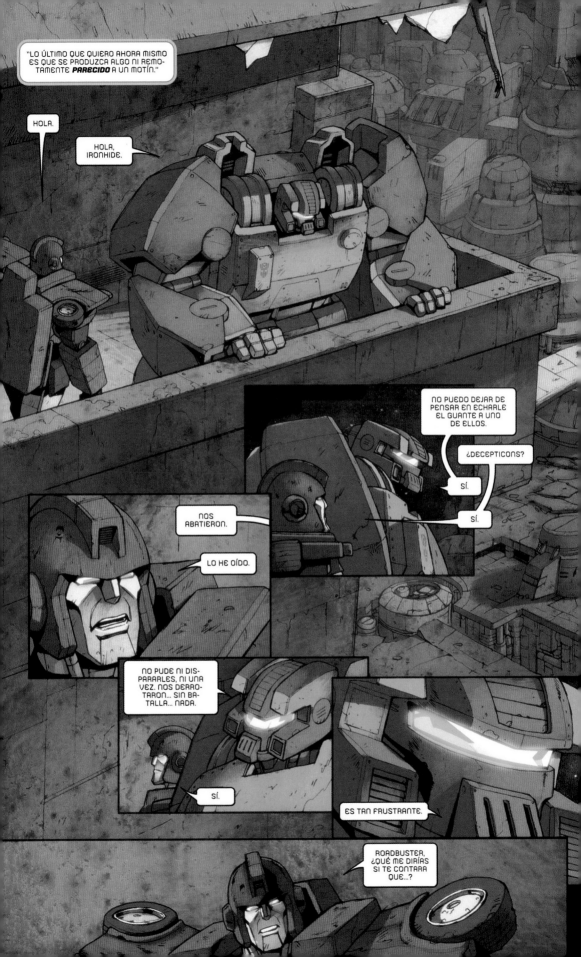

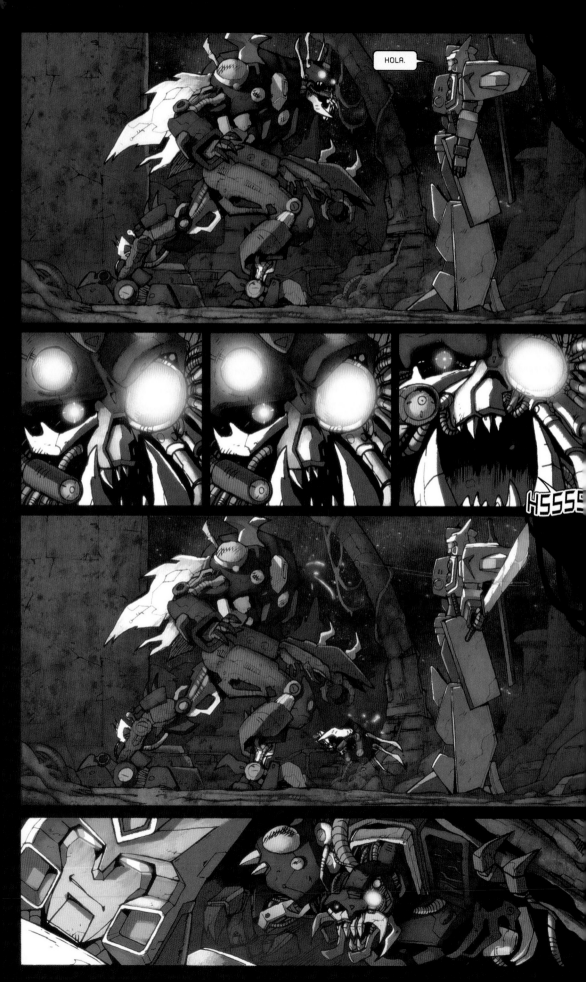

ERA ESPE-
LUZNANTE.

PERCEPTOR... **PERCEPTOR**
ES ESPELUZNANTE.
¿CUÁNDO SE CONVIRTIÓ
EN ESPELUZNANTE?

HA MOLADO
MUCHO.

ESTE
LUGAR ES
DEMASIADO
PELIGROSO.

QUE DRIFT SIGA
PATRULLANDO. TE-
NEMOS QUE MAR-
CHARNOS, **AHORA**.

LAS CRIATURAS DE ME-
GATRON SE NOS ECHARÁN
ENCIMA ANTES DE QUE
NOS DEMOS CUENTA, Y NO
PIENSO QUEDARME AQUÍ
ESPERANDO A VER CÓMO
ME DEVORAN VIVO.

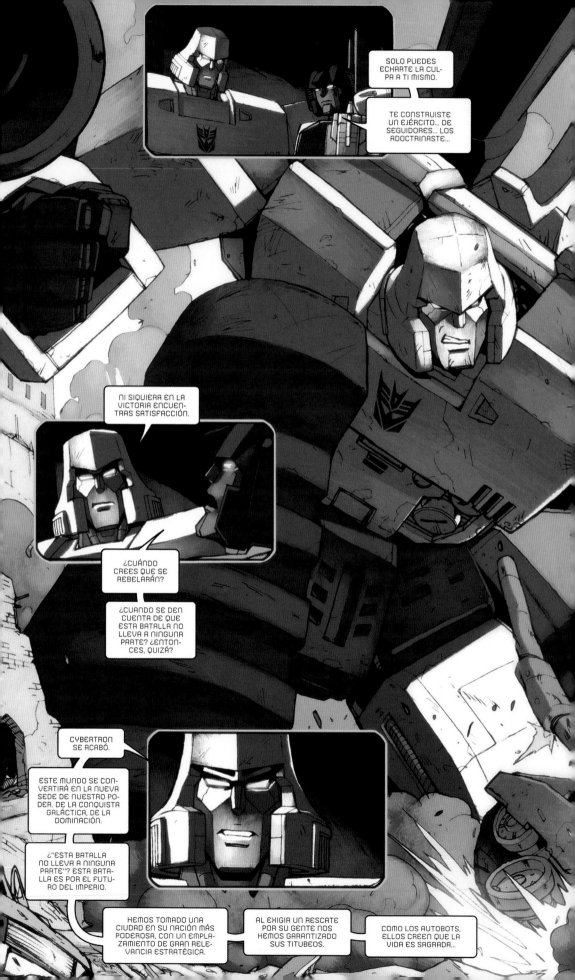

**CUBIERTA ALTERNATIVA DE TRANSFORMERS: ALL HAIL MEGATRON Nº1 USA
(DE KLAUS SCHERWINSKI)**

THE TRANSFORMERS
MORE THAN MEETS THE EYE!

ALL HAIL MEGATRON

1

CUBIERTA ORIGINAL DE TRANSFORMERS: ALL HAIL MEGATRON Nº1 USA
(DE TREVOR HUTCHINSON)

CUBIERTA ORIGINAL DE TRANSFORMERS: ALL HAIL MEGATRON Nº2 USA
(DE TREVOR HUTCHINSON)

ALL HAIL MEGATRON

3

Shane McCarthy
Guido Guidi

CUBIERTA ORIGINAL DE TRANSFORMERS: ALL HAIL MEGATRON Nº3 USA
(DE TREVOR HUTCHINSON)

  Shane McCarthy
Guido Guidi

CUBIERTA ORIGINAL DE TRANSFORMERS: ALL HAIL MEGATRON Nº5 USA
(DE TREVOR HUTCHINSON)

CUBIERTA ORIGINAL DE TRANSFORMERS: ALL HAIL MEGATRON Nº6 USA
(DE TREVOR HUTCHINSON)

CUBIERTA ALTERNATIVA DE TRANSFORMERS: ALL HAIL MEGATRON Nº2 USA
(DE GUIDO GUIDI Y JOSH BURCHAM)

CUBIERTA ALTERNATIVA DE TRANSFORMERS: ALL HAIL MEGATRON Nº3 USA
(DE GUIDO GUIDI Y JOSH BURCHAM)

CUBIERTA ALTERNATIVA DE TRANSFORMERS: ALL HAIL MEGATRON Nº4 USA
(DE GUIDO GUIDI Y JOSH BURCHAM)

CUBIERTA ALTERNATIVA DE TRANSFORMERS: ALL HAIL MEGATRON Nº2 USA
(DE CASEY COLLER Y JOSH PEREZ)

CUBIERTA ALTERNATIVA DE TRANSFORMERS: ALL HAIL MEGATRON Nº5 USA
(DE CASEY COLLER Y JOANA LAFUENTE)

CUBIERTA ALTERNATIVA DE TRANSFORMERS: ALL HAIL MEGATRON Nº6 USA
(DE CASEY COLLER Y JOANA LAFUENTE)

CUBIERTA ALTERNATIVA DE TRANSFORMERS: ALL HAIL MEGATRON Nº1 USA
(DE KLAUS SCHERWINSKI)

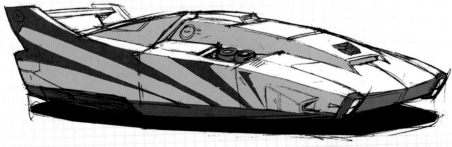